Prins Eugens Waldem
18

141:an Lundbystrand, Göteborg
30 april–28 maj 1995

Ett stort tack till konstnären Maj Arnell vars måleri från de senaste tio åren presenteras i denna utställning.

Dessutom vill jag rikta ett varmt tack till de personer som gjort denna utställning möjlig. I första hand vill jag tacka Lars Engelhardt som fungerat som utställningskommissarie samt Björn Axlund vars medverkan som idégivare till utställningen varit till stor hjälp. Magnus Winbladh, Raster Förlag, som ansvarat för denna publikation, tackas varmt.

Utställningen kommer även att visas i Göteborg och jag vill i samband härmed passa på att tacka Eriksbergs Förvaltnings AB och Galleri Aveny, som bidragit till utställningens förverkligande.

Hans Henrik Brummer

Överintendent och chef för
Prins Eugens Waldemarsudde

Maj Arnell

Folke Edwards Olle Bauman Lisbet Ahnoff

Raster Förlag

tynga bilden. Så kommer de lätta attackerna, för då kan man inte precisera med tunga drag. Då har man släppt verkligheten, då gäller det bara att forma inom fyrkanten. Det är inte precis förmålet man målar, men man måste måla utifrån nånting.

– *Jag har ett behov av att jag måste* ha sett *något.*

– *Du kan se en kopp, den står där framför en annan, det är i och för sig två koppar, de sätter igång en lust, blir en utgångspunkt för en bild.*

Vid fjärde våningen stiger jag ur hissen. Maj tar emot med gott humör. Från hallen går vi till ateljérummet, bredvid köket. På ett slitet träbord vilar den färgtunga paletten där glimrande färgrester från årtiondens arbete bildar skidbackar utåt kanterna. Upphäftade på målarväggen sitter några dukar som är under arbete.
– Jag målar varje dag, säger hon. Så jag håller kontakten. Om jag inte gör det, blir det som om man tappar en korkbit i vattnet när man sitter i en båt. Den far iväg.

Bland gröna blad i fönstret sticker en blåsjungande flaska

upp, igenkännbar från flera målningar. Fönstret, i österläge, vätter mot Teatergatan. Husutsikten mittöver är sällsynt gråruttråkig, men den tråkigheten har visat sig, trots allt, kunna utgöra ett användbart utgångsläge. I mitt minne finns till exempel en målning från slutet av 70-talet, där flaskor och glas syns framför denna trista fasad, i skimrande vacker gråhet. En skär flasketikett lyser till. Svarta kolstreck tecknar fräckt ut fönsterrutor.

Hemmahörighet är ett ord som återkommer, när vi samtalar. Det är något av ett tema i Majs måleri. Både som en sorts motivisk innebörd eller grundkategori och som en förutsättning för målarlusten.

– Jag har svårt att arbeta någon annanstans än i mina hemmiljöer, säger hon.

– Jag har varit i Venedig men aldrig kunnat realisera drömmen att göra något därifrån. Man spärras av att andra målare redan gjort det så väldigt bra. Fast det är klart, att om jag stannade så länge att jag rotade mig, kunde jag nog måla utomlands. Det där med trivsel är viktigt.

Det handlar väl om att som konstnär finna det område som

fullt ut är ens eget, en icke ockuperad mark, där man är sig själv.

Maj Arnell är bofast på två platser; Brevik på Tjörn och Teatergatan i Göteborg. När vi ses har hon nyss återvänt från landet. På ett sidobord ligger en hög nya dukar som hon medfört därifrån.

I denna målarskörd får jag syn på en ovanligt gul målning. Ett stilleben, kunde man förstås konstatera, men det är en otillräcklig benämning. De luftigt utspridda tingen går också sina egna vägar, ganska livslustigt, uppspelt. De är nuddande lätt målade. En vågsnabb blå linje visar sig vara dekoren på ett Höganäskrus.

– Det blir lite som en skrift, säger Maj, som är välbekant med dessa föremål, fri att återge dem som hon vill.

Där är också två päron, en fläckig vas, en lätt röd gammal blomma och några andra saker, alla med sin eftermiddagsskugga på det ljust gula. Skuggorna är terpentinlätta, något genomskinliga och vattenlika. Ett eftermiddagsbelyst saklandskap, från sensommaren eller den tidiga hösten. Omgivningarnas luft har glidit in i ateljén.

la, men trodde inte att det gick att börja på målarskola när man var installerad i ett hem. Men tack vare Helges stöd gick det. Och med hjälp av tant Blenda som tog hand om barnen, när jag var på skolan.

– Det finns inget som upptar ens koncentration så, som måleriet, man tänker bara på det. Det känns skönt, det blir en avkoppling efteråt. Man har använt alla sina resurser till att lösa ett konkret problem.

Maj var alltså småbarnsmor och Valandselev samtidigt. Hon säger att det tvingade henne att ta vara på tiden. Hon började på Valands målarskola våren 1940. Det var under kriget, skolan stängdes i februari och öppnade först till hösten igen. Hon gick där till 1945, med Nils Nilsson som lärare. Bland kamraterna fanns Olle Skagerfors, Gudrun Arninge och Bengt Kristenson.

– Jag tyckte mycket om kritiken Nils Nilsson gav. Den gick ut på att varje sak var ett led till nästa. Man skall egentligen aldrig bli färdig. Då har man tröttnat och är inte längre nyfiken.

– Arbete var det viktigaste av allt, att man kontinuerligt sysslade med måleri. Det gjorde att jag redan från början målade varje dag. Om man gör långa uppehåll försvinner vissa små

idéer, som kommer när man arbetar mycket. När man arbetar mycket får man en säkerhet, man har trängt in i något, man får en *trygghet* att detta måste vara så.
– Det är viktigt för att måleriet är så otroligt vagt som yrke. Särskilt i början frågade människor: men vad gör du annars?

– Du hade en period då du målade mycket mörka målningar.
– Ja, det började redan på slutet av 40-talet. Folk undrade över att det var så svart. Men jag var oerhört harmonisk då, när jag målade nästan bara svart och vitt. När jag verkligen fick bekymmer, då gick jag upp i färg, så det följer inte det mönster som man tror.
– När jag kom in i det svarta, var det väl en önskan att befria mig från färgen.
– Befria dig från färgen?
– Ja, det låter ju konstigt. Men jag menar befria från färgen så som man jobbade i skolan. Det är väl så att när man slutat på målarskolan är man väldigt osäker, väntar att någon ska säga något som stärker, uppmuntrar. Det är möjligt att man gör en kullerbytta, för att göra något annat än i skolan.
– Sedan är det klart att intresset för det svarta också kom ur på-

verkan från andra. Till exempel tog jag intryck av Hans Hartung.

– Man kanske var lite finsmakare där ett tag. Vi beundrade Manets svärta, det finns en svärta som verkligen är färg, på ett annat sätt än i Isaksons äpplen. Det kanske var ett sökande som man gestaltade i mörkt måleri.

1952, fyra år efter debututställningen i Göteborg, ställde Maj ut på Gummessons i Stockholm (tillsammans med Valandskamraten Tore Ahnoff). Eugen Wretholm skrev poetiskt och uppskattande.

– Det höll mig vaken en hel natt.

– Jag minns att jag läste det om och om igen. Det hade en stor betydelse.

Helge hade ett aktivt konstintresse. Arnells hem i Göteborg var en samlingspunkt för vännerna från Valand. Men redan 1956 dog han, efter att ha varit sjuk länge.

– Det är klart att när Helge gick bort, var det en stor sorg. Samtidigt så var det kanske då jag började måla på allvar. Det blev måleriet och jag. Innan var det mera av att vara hemma och ta emot folk, vara ren under naglarna ... Det blev också en stor fråga hur jag skulle klara av det ekonomiskt. Det var en chock att Helge dog, men jag blev mera målare

Jag kommer ihåg att Tore Ahnoff skrev i ett brev: Nu börjar ditt nya liv. Jag förstod först inte alls, vadå mitt nya liv? Men det betydde så hemskt mycket för mig. Han förstod att det kunde bli det.

Vi kommer att tala mer om måleri, det är roligt att göra det med Maj. Hon tillhör en »göteborgsfransk« målartradition där det är givet att konst är måleri, att konstnärer är målare. Sambandet mellan måleri och landskap (natur) är betydelsefullt. Och skissen är tydligt värdesatt liksom den personliga penselskriften. Skapandets mening är en fortgående process, inte färdiga tavlor. Utgångspunkten är det sedda, de ursprungliga grundkategorierna är stilleben, landskap och figurmåleri.

Med tiden tycks Maj ha löst upp de grundkategorierna, de flyter ut och in i varandra. Stilleben är landskap, landskap är rumsligheter. Kanske låg det ändå i utgångspunkten. Hon återger ett minne från Valandsåren.

– När jag satt i Hovs Hallar och tecknade berg kände jag att det var som att teckna modell, som att teckna en människa. Det är kanske något sådant som har betydelse för mig.

Såväl hos Maj Arnell själv, som i hennes måleri, möter jag en avspänd, ledig energi och en lagom vanvördig, tillåtande atmosfär.

Som betraktare till hennes målningar känner jag mig medbjuden, medvarande. En anledning är, tror jag, att rummet är viktigt i bilderna, en annan är själva målarsättet, en smittande penselimpulsivitet.

När hon uppskattande karakteriserar Vlamincks målningar som en »blandning av ordning och oreda, nej oreda är det inte, men kanske en lössläppthet« så tycks det mig ge ord åt hennes eget arbete.

– Jag tycker nog att det har klarnat väldigt de senaste tjugo åren, ja, i alla fall klarnat något, säger Maj.
– Det tog, ta mig tusan, fyrtio år att bli målare.

Lisbet Ahnoff

I Brevik, 1988. 138×121,5 cm

MA

Vid bordet, 1986. 114,5 × 112,5 cm

Ensemble, 1989. 57×71 cm

MA

Ego, 1988. 57×46 cm

MA

Flicka i grönska, 1989. 90 × 104 cm

MA

På Teatergatan, 1989. 118,5 × 116 cm

Hänvisningen, 1989. 107,5 × 113,5 cm

MA

Stilleben mot rött, 1989. 61 × 63 cm

MA

Gamla gårdar, 1988–1989. 97 × 100 cm

MA

Från sommaren -90, 1990. 133 × 134 cm

MA

Mot gatan, 1990. 58×75 cm

MA

Gamla gårdar. Motiv från Tjörn, 1989. 57 × 82 cm

MA

På bordet, 1989–1990. 109 × 120 cm

MA

Gamla gårdar, 1990. 78 × 108 cm

MA

Individuella ting, 1989–1990. 112 × 111 cm

Gamla gårdar, 1990. 67×83 cm

MA

Blommor på bord, 1991. 74 × 80 cm

Gårdar, 1991. 82×94 cm

MA

Komposition på bord, 1989–1992. 101 × 101 cm

MA

Gamla gårdar, 1992. 96 × 116 cm

MA

Rosor, 1992. 64×77 cm

MA

I Säby, 1992. 94 × 108 cm

Saker och ting, 1993. 127×110 cm

MA

Ego, 1992. 70 × 81 cm

MA

Blommor i fönstret, 1993. 60 × 62 cm

MA

Invention, 1993. 84,5 × 119,5 cm

MA

Blå flaska, 1993. 82 × 62 cm

Stilleben med karaff, 1993. 58×69 cm

MA

På bordet, 1989–1993. 116 × 120 cm

MA

Mångt och mycket, 1993. 93 × 123 cm

MA

Natur, 1990–1993. 135 × 137,5 cm

MA

Gamla gårdar, 1994. 99 × 102 cm

MA

Fyra personer, 1994. 115×98 cm

[Alf Lindberg, överst till vänster, Gustaf Engwall, Maj Arnell och Helge Arnell]

MA

På Teatergatan, 1994. 107 × 114 cm

MA

Natur, 1994. 114×80 cm

MA

Vid bordet, 1988–1994. 114 × 143,5 cm

MA

Mot röd fond, 1994. 83 × 52 cm

MA

Stolen, 1994. 102 × 112 cm

MA

Interiör, 1994. 98×97 cm

MA

I fokus, 1994. 102×115 cm

MA

Färgen som ett flyktigt stoff. Som om handen bara snuddar vid duken. Måleriet som en transparent doft. Eller som skyar som driver med vinden genomlysta av solen. En tillvaro utan vikt. Tyngdlösheten som varats innersta princip.

Maj Arnell tillhör de konstnärer som mognar långsamt. När flertalet av hennes generationskamrater gjort sitt och sedan länge lämnat scenen, stiger hon plötsligt in på den. Hon har funnits där hela tiden, men mest som statist. Så, plötsligt — med den långa erfarenhetens rätt gör hon entré som primadonna …

Valands konstskola under Nils Nilsson, som hon minns med värme. Bonnard och Matisse på Konstmuseet och fauvisten Vlaminck. Och så Ragnar Sandberg och under några decennier först och sist Alf Lindberg.

Ibland kunde beroendet av den senare kännas genant. Som om hon självutplånande kröp alltför nära. — Det verkar uppenbart att Alf Lindbergs beundran för Cézannes »arkitektur« och betonande av färgens materialitet, dess fysiska närvaro på duken, också spelat en stor roll för Maj Arnell. Men ännu intressantare är att hon med åren lärt sig använda denna kunskap på ett paradoxalt självsvåldigt och lättsinnigt sätt. Rummet i Maj Arnells sena måleri är inte en konsekvens av analys och konstruktion utan skir intuition. Det balanserar säkert som av en slump. Och färgens materialitet tycks upplöst till en essens, ett fjärilspuder som när som helst kan blåsa bort.

Båda ingredienserna finns där alltså, men transformerade till sin motsats.

Det robusta har ersatts av det flyktiga, det självhävdande av det undflyende och påståendet av aningen.

Ingenting i hennes dukar ser ut som om det skulle vara särskilt länge. Deras charm är i högsta grad förgänglighetens. Och själva flyktigheten grundar sig på ett långt livs erfarenhet: det är inte varat som är varaktigt utan förändringen.

Flykten som förgänglighet. Fjärilens existens. Ögonblickets villkor. Ögonblicket som det enda som varar.

Det som frapperar i hennes bilder från senare år är deras unga fräschör och deras mognad. Som konstnär och som människa är hon yr som våren och erfaren som hösten. Kort sagt förtrollande charmant.

När jag kom till Göteborg och 1957 efterträdde Torsten Bergmark och Rabbe Enckell som redaktör för Konstnärsklubbens tidskrift Paletten var Alf Lindberg, Olle Pettersson, Rudolf Flink och Per och Ivar Lindekrantz de stora namnen inom »klubben« och Endre Nemes och hans elever i Grupp 54 de stora utmanarna mot det »provinsiella« göteborgsmåleriet. Maj Arnell figurerade bara i periferin. Av samtida svenska målare beundrar hon framför allt Evert Lundquist och Alf Lindberg. Under 60- och 70-talen kom Maj Arnell som målare att stå Alf Lindberg mycket nära. »Det var stimulerande och roligt att komma nära en människa som kunde så mycket.« Detta beroende kom länge att ligga henne i fatet och själv kände hon sig aldrig riktigt »sedd«. När hon vid ett tillfälle beklagar sig och säger »Varje gång jag ställer ut nämns du!« svarar Alf Lindberg »Ja, ja, men du har väl påverkat mig också!« Det är ingen tvekan om att Alf Lindbergs 80-talsmåleri har en mer uppluckrad form och ett större koloristiskt spektrum än hans tidiga och kanhända bidrog den nära kontakten med Maj Arnell till det. Möjligen var detta förhållande mellan två i grunden väsensskilda konstnärstemperament symbiotiskt, det vill säga ömsesidigt livgivande. Alf med sin vresighet, sin skärpa och sin misantropi, Maj med sin charm, sitt ljusa lynne och sin värme.

Maj Arnell föddes 1910 på Stampgatan i Göteborg — »där Ivarson också föddes« tillägger hon i förbigående. Nära entrén till Gamla kyrkogården med devisen »Tänk på döden«. Fadern var trävarufabrikör och efter avslutad flickskola börjar Maj Arnell arbeta som tillskärare på Gårda textilfabrik. Hon gifter sig 1933 med civilingenjören Helge Arnell och får med honom tre barn, varav de två sista som elev på Valands konstskola.

»Varför började du måla?«, undrar jag.

»Som en följd av en kollaps, en personlig kris«, svarar hon.

Hon rekommenderas att måla av en läkare och får stöd av sin förstående make som ordnar ett rum på stan och privatlektioner av Folke Andréasson, som arbetade i »koloristernas« anda, och Knut Irwe, som var »modernist« med influenser från kontinental kubism och surrealism (och som sådan en föregångare till Nemes).

1939 söker hon in till Valand och blir antagen. Skolans föreståndare var då Nils Nilsson, en soignerad och blid gentleman som blev ett viktigt stöd för sin adept. Nils Nilssons eget måleri under de här åren präglades i hög grad av tidens oro och den tyska blixtinvasionen först av Holland, Belgien och Frankrike och strax därefter av Danmark och Norge. Våren 1940 stängdes Valand ett halvår och kvinnor och barn evakuerades från Göteborg. Maj Arnell hamnade med sitt första barn i Åsa vid norra hallandskusten, där det vimlade av yrvakna svenska beväringar, ditkommenderade för att försöka förhindra ännu en tysk invasion.

Undervisningen på Valand följde ett relativt klassiskt mönster med studier av antika gipser, levande modell och stilleben. Isoleringen från omvärlden var så gott som total och Konstmuseets franska samling blev en viktig impulskälla. Göteborgskoloristerna, som upptäckts av Gotthard Johansson i mitten av 30-talet fanns i realiteten knappast kvar: Inge Schiöler och Åke Göransson hade blivit hospitaliserade, Ivan Ivarson dog 1939, Ragnar Sandberg höll på att bli »klassiker« och Carl Kylberg hade för länge sedan lämnat stan. På skolan var det framför allt Karl Isakson — med sitt ljus, sin musikalitet och sin självklara balans — som blev den stora förebilden. (Han upptäcks av svensk publik först 1924 genom en stor minnesutställning på Konsthallen i Göteborg).

Bland elevkamraterna på Valand märks Olle Skagerfors, Tullan Fink, Carl-Erik Hammarén, Bengt Kristensson, Isabella Laurell, Bængt Dimming och Tore Ahnoff (»den målande fänriken«). Med en varm glimt i ögat berättar Maj Arnell om åren på Valand: om hettan och kylan i den stora, primitiva »ateljén«, där de som stod närmast den centrala kaminen på vintern svettades och de som stod nära väggen frös, om de uppsluppna julfesterna med ärtsoppa och punsch, då de överförfriskade lades in i frysrummet för att nyktra till, om kafferasterna på Jungans med Hammarén och Skagerfors och den bullrande Lars Börjesson (som extraknäckte som bassångare i Storans kör) och om den busige Hammarén som retades med henne genom att i ett stilleben byta ut och bita i ett äpple.

Sin första separatutställning i Stockholm fick Maj Arnell som »pensionär« 1975.

De frukter som mognar långsamt smakar ofta bäst.

Folke Edwards

Färg utan ord var en formulering som dök upp medan jag satt och betraktade en målning häromdagen. Först tyckte jag att det var nonsens. Färg och ord är ju två skilda saker, och färg utan ord kan inte gärna vara någonting annat än — färg. Tanken snuddade vid »Lied ohne Worte«,[1] men någon riktig mening fick inte uttrycket förrän jag tänkte på dess motsats: färg med ord är färg som inte klarar sig utan ord, som söker stöd i ord för att motivera sin själva existens, sina egenskaper, eller likt en annan tjänsteande gör vad ordet befaller, illustrerar det, lyser upp det — en bara alltför vanlig företeelse i våra dagars konst; färg utan ord däremot är färg som med sina kontaraster och alla sina nyanser är så levande att den inte kan leva något annat liv än sitt eget liv, ett liv helt oberoende av ordet — den färgen blir allt ovanligare i vår tid.

Just sådan färg var det som jag tyckte att jag såg i den där målningen, ett landskap av Maj Arnell. Den stenogramliknande form som är egen för henne gav dessutom åt färgen all den frihet färgen kräver för att andas och leva. Jag gjorde ett försök att beskriva vad jag såg.

1. Lied ohne Worte, Sång utan ord, första satsen i Beethovens Månskenssonat, Mendelssohns beteckning för ett pianostycke av sångbar karaktär.

Över den ljusa botten av florstunna, nästan omärkligt grågröna, lätt orange, gulgröna, grå och rosa toner ligger utströdda som på måfå några milt gråsvarta bladlika former, som slumpvis kvarlämnade fragment av en nyss utsuddad kolteckning, oförmodat rytmiska markeringar i det högsmala formatet. Några gröna toner interfolierar, kilar in med sina tätare toner mellan de svarta fragmenten, en längst ner intill en rosa är kyligt grön, längre upp en mättat gulgrön som ett glansigt äpple, strax intill som mossa på en berghäll en varmt rödgrön, längst upp i vänster hörn en flock av prickar i smaragd.

Fläckar, prickar, tunna streck och toucher, utbredd färg med penselspår, färg som har suddats, skrapats, ristats, färg som har målats i annan färg, färg som har formats till liggande vågor, och här och var i den blonda färgen duken lämnad bar och vit; ett barnsligt »MA« med sin svärta avslutar nere i högra hörnan. — *Natur* [1994] kallar Maj Arnell dessa variationer utan gräns. Omisskännligt arnellska i sin slängiga nonchalans och, kan man tycka, märkvärdigt fria från avsikt.

Helt lätt till sinnes och i stunden rätt fri från avsikt även jag ger jag mig ut på lustfylld promenad i detta sköna låtsasland, inte in i ett liggande färgperspektiv på djupet, utan uppför en brant terräng som reser sig som en stege att klättra på höjden i. Och färgtonstegen är stundtals fina, fina, stundtals verkliga kliv i skalan. Hunnen högst upp stannar jag till, tittar tillbaka ut över all färgen och tänker på namnet igen: *Natur*, det säger mig ingenting utöver det elementäraste. Kanske just det som är meningen. För när allt kommer omkring, vad frågar väl jag som betraktare efter den bohuslänska klyfta som denna målardikt antagligen sprungit ur? Vad bryr sig mitt färglystna öga om tonernas eventuella bakomliggande teori? Det lyssnar bara till sången som stiger och faller i färglandskapet med rena och livliga toner. Och det som först bara verkade snabbt och förstrött är nu lugnt och samlat, och det som såg ut som frånvaro är fullaste närvaro, sinnesnärvaro.

I skrivande stund, en dag i december, står jag andlös inför ett stycke skimrande siden i ett mansporträtt av Goya. Smala ränder i gulgrönt och ljust blått, mörkare brutet blått, tecknar med lättaste hand på en grårosa bottenton modellens volymer under en jackas tyg. Snabb, känslig, tveklös, förkroppsligar denna improvisation, som naturlig del i en helhet, men också som utsökt lysande smycke mitt i det strängaste skiktmåleri, ett svindlande lyckligt målarnu från 1792.

I vår sena tid lever de målare som ännu likt Goya med sitt siden hyllar den sanna sinnesglädjen i måleriet på arvet från vårt eget sekels stora improvisatörer. De nämligen som sorgfälligt utplånade de sista resterna av ett skiktmåleri som i sin ofullständighet blivit omöjligt att upprätthålla, tekniskt, konstnärligt. Matisse var en av dem.

Direktheten trädde i stället för indirektheten, den snabba omedelbarheten i stället för den eftersinnande långsamheten. Tempot ökade. I takt med att målningens yta mer och mer blev sig själv, platt och påtaglig, inte illusorisk och flyende, medan även de mest komplicerade motiv på förenklingens väg bringades att alltmer förena sig med denna platthet, fick också färgmaterian på duken som levande spår av handens impulser i nuet ett allt större eget värde. Apropå detta särskilda omistliga värde skrev Bror Hjorth en gång några oförglömliga ord om skulptörens kärlek till sitt material: »Det är tack vare hans oändliga glädje över stenen, leran, träet, bronsen han överhuvudtaget arbetar ...« — Och så är det förstås för oss alla, målare som skulptörer, i alla tider: utan den glädjen, den kärleken går det inte, är det egentligen ingen mening alls att just måla eller skulptera. — Maj Arnells *Natur* skimrar som Goyas siden av sådan glädjefylld mening.

Åter från min utflykt i en målad sommar står jag plötsligt i en vintrig park. Bland trädstammars oliv- och violettoner, frosttäckta gräskullars kyligt gröna, svartisiga bergknallar, hårdfrusna grådammiga grusvägar, rödbruna lövsamlingar, rosablänkande mörka vattenspeglar som återkastar en oroligt skiftande decemberhimmel, möter jag mitt i vintern avlägsna men frusna släktingar till tonerna i Majs rika sommarmålning. Deras likheter är överraskande. Är intrycken rentav utbytbara, möjliga att förväxla? Spelar det ingen roll om det är sommar och sol eller flera grader kallt i ett landskap, syns inte en sån sak i en målning, redan i helhetstonen? — I synnerhet i den, kan man svara. Och i en målning där målaren bara lämnat obetydliga skärvor av det föreställande kvar, kan allt ligga samlat i det enskilda färgtonsteget, all känslighet, all uppmärksamhet inför det unika motivet, hela målarpersonligheten. Ett stycke Bohuslän sommaren 1994 filtrerat och uttryckt genom Maj Arnell i intervallet mellan två gröna toner.

Där finns nog också förklaringen till att de liknar varandra, målningens toner och parkens: själva den måleriska inlevelsen har gjort stegen mellan tonerna inne i målningen lika naturliga som de ute i parken.

Olle Bauman

Denna bok är formgiven av Lars E. Pettersson. Foto färgbilder av Lars Engelhardt, Prins Eugens Waldemarsudde, samt Per Myrehed, sid. 19, 31 och 51. Typsnitt Adobe Granjon. Papper 150 g Bokpapper Linné. Tryck Skogs Boktryckeri AB, Trelleborg, 1995. Färgrepro Scannrepro, Västerås. ISBN 91 87214571